Commentaire

Par Nicolas Cantonnet

Le Manuel

Épictète

lePetitPhilosophe.fr

ÉPICTÈTE

PHILOSOPHE GREC STOÏCIEN

- **Né vers 50 à Hiérapolis**
- **Décédé vers 125 à Nicopolis**
- **Quelques-unes de ses œuvres :**
    - les *Entretiens*
    - le *Manuel*

Né vers 50 apr. J.-C., Épictète a été **l'esclave d'Épaphrodite**, un affranchi de l'empereur Néron. La légende raconte que son maitre mit un jour à l'épreuve sa fermeté d'âme en lui brisant la jambe. Épictète resta de marbre en lui disant simplement : « Je t'avais bien dit que tu allais la casser. » On ne sait pas si l'anecdote est réelle, mais elle résume à merveille **la maitrise de soi du penseur**. Quoi qu'il en soit, Épaphrodite lui permit d'**écouter les leçons du stoïcien Musonius Rufus**.

Une fois affranchi, Épictète devint lui-même philosophe. Il vécut de manière très austère, sans femme ni famille, dans une maison relativement modeste. Lorsque l'empereur Domitien bannit les philosophes de Rome, Épictète se rendit en Épire en 94 pour donner ses leçons. Sa méthode d'enseignement reposait sur le dialogue, et sa **philosophie** était **principalement tournée vers la morale et la mise en pratique des préceptes stoïciens**. On connait la pensée d'Épictète par les notes prises par Arrien de Nicomédie, l'un de ses disciples. Celui-ci écrivit huit *Entretiens* (dont quatre seulement nous sont parvenus) et *Le Manuel*.

LE *MANUEL*

« UNE ARME DE COMBAT QU'IL FAUT TOUJOURS AVOIR À SA PORTÉE »

Le *Manuel*, qui se veut une sorte de **condensé des *Entretiens***, est selon les dires de Simplicius, philosophe et commentateur grec du VIe siècle apr. J.-C., « une arme de combat qu'il faut toujours avoir à sa portée, et dont il faut que ceux qui veulent bien vivre soient toujours prêts à se servir ».

Le texte est **court** (une trentaine de pages) et comporte cinquante-trois chapitres rédigés sans ordre apparent, ce qui confère à la lecture un aspect un peu **décousu**. Il est composé à la fois d'idées fondamentales (la distinction entre ce qui dépend de nous et ce qui n'en dépend pas, la triple discipline, etc.) et d'aspects plus pratiques et concrets, comme des conseils adressés à l'apprenti philosophe.

SOCRATE

Socrate (470-399 av. J.-C) est devenu, sans rien avoir écrit de son existence, le **totem de la philosophie**. Il a eu une influence considérable sur l'histoire de la pensée et Épictète lui-même le prend comme modèle.

Son physique était loin d'être avantageux et son allure négligée, probablement pour mettre l'accent sur le fait que l'apparence ne constitue pas l'essentiel : selon lui, **la vraie richesse et la vraie beauté sont intérieures**. Contrairement aux philosophes précédents (appelés les « présocratiques »), sa pensée n'était pas centrée sur la physique mais sur l'homme, plus particulièrement sur la manière dont celui-ci doit conduire son existence. Il a toute sa vie accordé **une place primordiale à l'âme, plus importante que le corps, et à la justice**.

Tous les jours, Socrate se promenait dans l'agora, la place publique d'Athènes, et **interrogeait les passants pour leur faire comprendre que leurs convictions étaient sans fondement**. Cette prise de conscience était selon lui nécessaire pour **dépasser l'autosatisfaction stérile** et pour pouvoir **accéder à la vérité**. Tout comme sa mère, sage-femme, aidait les femmes à mettre leurs enfants au monde, lui aidait ainsi les esprits à accoucher du savoir qu'ils contenaient en eux sans s'en rendre compte. C'est pourquoi la méthode socratique est appelée **la « maïeutique »** (du grec *maieuomai*, « accoucher »). Socrate affirmait remplir une mission que lui avaient confiée les dieux. Il affirmait également qu'« aucun mal ne touche un homme de bien » (PLATON, *Apologie de Socrate*, 41c) et ne craignait pas la mort (comme il l'a prouvé devant le tribunal qui l'a condamné à boire la cigüe, un poison mortel, puis plus tard lorsqu'il a refusé de s'évader). Il se disait en outre « **citoyen du monde** » : peu importe l'origine ethnique et sociale des hommes, car ces derniers sont tous égaux entre eux.

LE CYNISME

Le fondateur du cynisme est Antisthène (vers 444-365 av. J.-C.), mais la figure la plus emblématique de ce mouvement est sans conteste Diogène de Sinope (vers 413-327 av. J.-C.), appelé **Diogène le Cynique**. Les cyniques voulaient **vivre selon la nature**, concept à prendre au pied de la lettre puisqu'ils prenaient pour modèle l'animal. L'une des anecdotes les plus célèbres met en scène Diogène déambulant en pleine journée dans les rues d'Athènes avec une lanterne allumée, en clamant « je cherche un homme ». Cette histoire illustre à la fois :

- l'aspect provocateur des cyniques, qui méprisaient les conventions sociales,
- et leur volonté de retourner à la nature, l'homme étant selon eux perverti par la société. Il s'agissait donc d'adopter le mode de vie des animaux, notamment des chiens (du grec *kynos*, qui a donné « cynique », signifie « chien »).

Les cyniques prônaient également **l'autosuffisance** : ils souhaitaient se délivrer des circonstances extérieures en vivant le plus modestement possible. Ainsi Diogène portait pour seul vêtement un manteau et avait élu pour demeure une amphore (vase de terre cuite).

La vertu se situait aux yeux des cyniques dans **le courage** : prenant pour modèle le demi-dieu Héraclès, ils recherchaient l'épreuve afin de s'exercer à résister à la douleur et ainsi améliorer leur maitrise d'eux-mêmes. Diogène marchait par exemple pieds nus sur la neige et se roulait, en été, dans le sable brulant. La philosophie cynique consistait donc en un exercice perpétuel sur soi-même. Les cyniques se considéraient également comme des **citoyens du monde**.

LE STOÏCISME

Le stoïcisme a été fondé en 301 av. J.-C. par Zénon de Citium (vers 335-264 av. J.-C.) et s'est prolongé jusqu'à Marc Aurèle (121-180 apr. J.-C.), au IIe siècle de notre ère. Ce courant de pensée, qui s'est donc étendu sur environ cinq siècles, se divise traditionnellement en **trois grandes périodes** :

- le stoïcisme antique, avec Zénon de Citium, Cléanthe (vers 331-232 av. J.-C.) et Chrysippe (281-205 av. J.-C.). Ce dernier, avec plus de 700 ouvrages, a beaucoup apporté à la doctrine, mais la majorité de ses textes a disparu ;
- le stoïcisme moyen, avec Panétius (vers 185-110 av. J.-C.) et Posidonius (135-51 av. J.-C.), qui ont surtout transmis la pensée stoïcienne ;
- le stoïcisme impérial (ou néostoïcisme), qui comprend notamment Sénèque (vers 4 av. J.-C.-65 apr. J.-C.), l'esclave Épictète (vers 50-125) et l'empereur Marc Aurèle.

Cette période est, plus que les autres, centrée sur la morale et la manière de vivre.

Selon le stoïcisme, **le monde est unique, fini et gouverné par Dieu**, la raison, le destin, la providence (ces quatre notions se confondent), si bien que **rien n'arrive par hasard**. Le stoïcisme est également une doctrine de **l'engagement politique** : Sénèque était ainsi conseiller et précepteur de l'empereur Néron (37-68), et Marc Aurèle était empereur.

Tous les évènements étant nécessaires et utiles à l'ordre du monde, il faut les accepter sans s'en plaindre. L'homme est maitre de son jugement et peut, au moyen de l'âme et de la raison, maitriser ses passions. Chez les stoïciens, **le souverain bien est la vertu, dont fait partie le courage, aspect le plus important de la vertu**.

On constate dans cette doctrine une **recherche d'épreuves**, voire un certain dolorisme (en particulier chez Sénèque), que l'on trouvait déjà chez les cyniques. Les stoïciens ont donc hérité de ces derniers **l'importance du courage, l'exercice sur soi-même et l'autosuffisance**, mais aussi **le cosmopolitisme** et l'idée selon laquelle il faut **vivre selon la nature** – même si la conception de la vie selon la nature chez les stoïciens est très différente de celle des cyniques. Le cynisme a donc eu une influence considérable sur le stoïcisme.

LES FONDAMENTAUX DU *MANUEL*

Ce qui dépend de nous et ce qui ne dépend pas de nous

Le *Manuel* d'Épictète, tout comme les Entretiens, s'ouvre sur la célèbre **distinction entre ce qui dépend de nous et ce qui n'en dépend pas** : « Il y a des choses qui dépendent de nous ; il y en a d'autres qui n'en dépendent pas. Ce qui dépend de nous, ce sont nos jugements, nos tendances, nos désirs, nos aversions [...]. Ce qui ne dépend pas de nous, c'est notre corps, c'est la richesse, la célébrité, le pouvoir. » (chapitre 1)

Épictète pose donc en quelque sorte une **limite entre le moi et le non-moi** :

- **ce qui m'appartient en propre, c'est le « principe directeur » (ou la raison)** qui me permet de contrôler mes jugements, mes tendances et mes désirs (ce qui annonce la triple discipline d'Épictète : la discipline du jugement, celle de l'action et celle du désir) ;
- **tout le reste ne dépend pas de moi**. Ainsi en est-il du **corps** (la santé et la maladie ne dépendent en effet pas de nous) et plus généralement des **évènements extérieurs**, c'est-à-dire des circonstances comme la condition sociale ou la richesse, et de l'**entourage**, qui sont tous voulus par les dieux et le destin.

Les choses qui dépendent de nous sont « par nature

libres, sans empêchement, sans entraves ; celles qui n'en dépendent pas, inconsistantes, serviles, capables d'être empêchées, étrangères. » (chapitre 1) Conséquence de cette distinction :

> « Souviens-toi que si tu crois libre ce qui par nature est servile, et propre à toi ce qui t'est étranger, tu seras entravé, affligé, troublé, et tu t'en prendras aux Dieux et aux hommes. Mais si tu crois tien seul ce qui est tien et étranger ce qui t'est en effet étranger, nul ne pourra jamais te contraindre, nul ne t'entravera. » (chapitre 1)

La liberté et le bonheur ne sont donc envisageables que si l'on appréhende bien cette distinction. Développons maintenant la triple discipline si chère à Épictète.

La discipline du jugement

Un point fondamental de la doctrine stoïcienne repose sur l'idée que **le bien et le mal n'existent que sur le plan moral** (« le mal [...] n'existe pas dans le monde », chapitre 17), ce qui signifie qu'ils dépendent de nous. Par conséquent, **ce qui nous parait être des maux (pauvreté, maladie, échec, etc.) est en réalité indifférent**. Comme le dit Épictète, « la maladie est une entrave pour le corps, mais non pour la volonté. [...] La claudication est une entrave pour les jambes, mais non pour la volonté. Dis-toi de même à chaque accident, et tu trouveras que c'est une entrave pour quelque autre chose, mais non pour toi » (chapitre 9).

Autrement dit, **c'est nous qui décidons de considérer les difficultés comme des maux** : ce n'est en réalité que « dans notre tête » qu'ils le sont. Lorsqu'un homme est malheureux, explique le philosophe, il ne comprend pas que « ce qui l'afflige, ce n'est point ce qui arrive, car un autre n'en est pas affligé ; mais c'est le jugement qu'il porte sur cet événement » (chapitre 16). Même la mort « n'est rien de redoutable, puisque même à Socrate, elle n'a point paru telle. Mais le jugement que nous portons sur la mort en la déclarant redoutable, c'est là ce qui est redoutable. Lorsque donc nous sommes traversés, troublés, chagrinés, ne nous en prenons jamais à un autre, mais à nous-mêmes, c'est-à-dire à nos jugements propres » (chapitre 5).

Il faut ne pas se « laisser emporter par [son] idée » (chapitre 10), mais **voir l'évènement ou la chose comme ce qu'ils sont, c'est-à-dire des indifférents, et donc faire abstraction de l'imagination, qui a tendance à parasiter notre jugement**. La discipline du jugement nous fait prendre conscience que rien ne peut perturber notre âme si nous comprenons que ce qui nous arrive n'est pas un mal : elle permet ainsi de se forger une liberté intérieure et de se rendre indépendant vis-à-vis des évènements extérieurs. Nous réalisons que notre malheur n'est pas dans la chose ou dans l'évènement, mais dans la représentation que nous en avons.

La discipline de l'action

Selon Épictète, **l'homme est par nature poussé à agir** : « Tout être animé [...] est naturellement porté à fuir et à se détourner de ce qui lui paraît un mal, et de ce qui en est la cause, à rechercher et **à s'éprendre de ce qui lui paraît un bien, et de ce qui le procure. »** (chapitre 31) **Parmi ces biens se trouvent les devoirs, qui sont pour la plupart**

sociaux. Le stoïcisme est une morale de l'engagement politique et familial. Il s'agit donc de remplir son rôle de citoyen et d'accomplir ses devoirs familiaux, même si on ne s'entend pas parfaitement avec son père ou son frère.

Quelles que soient les actions, l'objectif n'est pas de les réussir (car cela ne dépend pas de nous), mais de tout mettre en œuvre dans ce but, ainsi que de les réaliser avec la meilleure intention possible, c'est-à-dire le plus vertueusement possible. Les stoïciens avaient coutume d'user de la métaphore de l'archer : le vrai objectif de celui-ci n'est pas d'atteindre la cible, mais de viser le mieux possible.

La discipline du désir

La discipline du désir consiste à **désirer ce qui dépend de nous et à accepter ce qui n'en dépend pas, c'est-à-dire les évènements extérieurs** : « Ne demande pas que ce qui arrive arrive comme tu veux. Mais veuille que les choses arrivent comme elles arrivent, et tu seras heureux. » (chapitre 8) Il s'agit en quelque sorte de « prendre les choses avec philosophie », pour ne pas être frustré dans ses désirs. Les évènements extérieurs ne dépendant pas de nous, nous n'avons d'autre choix que de les accepter.

De plus, et même si cela n'apparait que très peu dans le *Manuel*, rappelons que **les évènements sont voulus par Dieu (ou les dieux) et le destin**, qui font en sorte que le monde soit le meilleur et le plus harmonieux possible. **Accepter le destin et les évènements revient ainsi à collaborer avec Dieu et à contribuer à l'harmonie du monde :**

« Sache que le plus important de la piété envers les Dieux est d'avoir sur eux de justes conceptions, qu'ils existent et qu'ils gouvernent toutes choses avec sagesse et justice, et, par conséquent, d'être disposés à leur obéir, à leur céder en tout ce qui arrive, et à les suivre de bon gré avec la pensée qu'ils ont tout accompli pour le mieux. » (chapitre 31)

À travers **la métaphore du théâtre**, Épictète fait également de **Dieu le metteur en scène** :

« Souviens-toi que tu es comme un acteur dans le rôle que l'auteur dramatique a voulu te donner : court, s'il est court ; long, s'il est long. S'il veut que tu joues un rôle de mendiant, joue-le encore convenablement. Fais de même pour un rôle de boiteux, de magistrat, de simple particulier. Il dépend de toi, en effet, de bien jouer le rôle qui t'est donné ; mais le choisir appartient à un autre. » (chapitre 17)

Il faut donc **accepter – et jouer le mieux possible – le rôle qui nous est confié** et tirer avantage de chaque évènement. Il n'est en outre pas anodin que l'une des dernières pensées du *Manuel* soit une citation du *Criton* de Platon (vers 427-347 av. J.-C.), dans lequel Socrate dit : « Si cela ainsi est agréable aux Dieux, qu'il en soit ainsi. » (chapitre 53) Socrate est le modèle que cite le plus Épictète dans le *Manuel*. Il renvoie également à Diogène le Cynique et à Zénon de Citium.

Notons enfin que l'on peut trouver dans le *Manuel* des **cita-tions contradictoires** concernant le désir :

- **Épictète demande de désirer ce qui dépend de nous,**
- **mais il exige parallèlement de supprimer tout désir.**

Il dit ainsi que « celui qui n'obtient pas ce qu'il désire est infortuné » (chapitre 2), pour affirmer ensuite qu'il faut anéantir le désir : « Quant au désir, supprime-le absolument pour l'instant » (chapitre 2) ou encore « [celui qui progresse] a supprimé tout désir en lui » (chapitre 48). En réalité, **cette phase de destruction totale du désir n'est que temporaire et concerne uniquement le « progressant »**, c'est-à-dire l'apprenti philosophe. Celui-ci doit se mettre à l'épreuve et voir cette étape comme un entrainement et un exercice avant de parvenir à la sagesse.

LES ASPECTS PRATIQUES DU *MANUEL*

Un ouvrage à visée pratique pour l'apprenti philosophe

L'objectif principal du *Manuel* est la **mise en pratique des préceptes du stoïcisme**. Épictète affirme que « mettre les préceptes en pratique [...] cela seul est admirable » (cha-pitre 49) ou encore que « la première et plus importante partie de la philosophie est de mettre les maximes en pratique » (chapitre 52).

Le **public visé** n'est pas le sage, qui n'a pas besoin de conseils, mais **le « progressant » ou apprenti philosophe**. Le stoïcisme ancien divisait l'humanité en deux catégories : le sage (extrêmement rare) et le fou. Le stoïcisme impérial en a élaboré une troisième, au milieu de ces deux extrêmes : le progressant. Le *Manuel* s'adresse en priorité à lui. Épictète le sous-entend à maintes reprises : « Si tu veux progresser » (chapitres 12 et 13), « Signes de celui qui progresse » (chapitre 48) ou encore « Quant à toi, si tu n'es pas encore

Socrate, tu dois vivre comme si tu voulais être Socrate »
(chapitre 51). Il précise également sa place, qui se situe **entre
le non-philosophe et le sage**, ou en l'occurrence entre
« l'ignorant » et « l'homme parfaitement instruit ». Il invite
alors le progressant à **procéder par étapes**, en commençant
par des petites choses, comme l'huile et le vin (chapitre 12),
pour passer ensuite à des choses plus sérieuses, comme la
mort d'un proche.

Le regard d'autrui

Dans le *Manuel*, Épictète met plusieurs fois en garde son
public sur **la difficulté de faire de la philosophie, notamment par rapport au regard des autres**. De Thalès (vers
625-547 av. J.-C.) qui selon la légende serait tombé au fond
d'un puits en regardant les étoiles, à Socrate, condamné à
mort pour avoir prétendument corrompu la jeunesse alors
qu'il ne faisait que dialoguer avec les passants, les rapports
étaient souvent tendus entre les philosophes et les non-phi-
losophes. Ces derniers les considéraient au mieux comme
de doux rêveurs, au pire comme des êtres arrogants, voire
dangereux. Épictète et d'autres philosophes ont d'ailleurs
été bannis de Rome par l'empereur Domitien (51-96).

Le stoïcien prévient donc l'apprenti philosophe : « Si tu
veux progresser, résigne-toi [...] à passer pour un insensé
et un sot » (chapitre 13), « Si tu désires être philosophe,
prépare-toi dès lors à être ridiculisé et raillé par la foule »
(chapitre 21), etc. Il faut cependant **garder le cap et ne pas
se laisser décourager** : « Souviens-toi que, si tu persévères,
ceux mêmes qui d'abord se moquaient de toi t'admireront
plus tard. Mais, si tu te laisses abattre, tu te rendras dou-

blement ridicule. » (chapitre 22) Le jeu en vaut de toute façon la chandelle, puisque pratiquer la philosophie revient à « recevoir en échange [de ces sacrifices] l'impassibilité, la liberté, le calme » (chapitre 29).

Une vie austère

Épictète explique que **la vie du philosophe doit être austère**. Il met en parallèle les **sacrifices** que devra faire l'apprenti philosophe avec ceux de l'apprenti athlète (chapitre 29) et multiplie les sentences exigeantes : il demande d'être le plus souvent silencieux, de ne pas rire beaucoup, d'éviter de faire rire, de se garder pur avant le mariage, d'éviter le luxe et de **ne pas accorder au corps plus d'importance qu'il n'en faut** (chapitre 33). Il ne s'agit pas de mépriser à proprement parler le corps, mais de le remettre à sa place et de **privilégier l'âme** : « C'est un signe d'incapacité mentale que de constamment s'occuper de ce qui concerne le corps. [...] Il ne faut [s'occuper du corps] qu'accessoirement, et tourner vers l'esprit toute son attention. » (chapitre 41) L'importance accordée à l'âme par rapport au corps est classique dans la philosophie : on la retrouve notamment chez les modèles des stoïciens que sont Socrate et Diogène le Cynique. Par ailleurs, on trouve également dans le *Manuel* une idée voisine selon laquelle la sagesse et la vertu sont largement préférables au confort : « Il vaut mieux mourir de faim, exempt de peine et de crainte, que de vivre dans l'abondance avec le trouble de l'âme. » (chapitre 12)

L'attitude à adopter vis-à-vis des autres

Afin de ne pas être accusé d'avoir un « orgueilleux sourcil » (chapitre 22), Épictète demande au progressant de **ne pas juger autrui** et de **se limiter à l'observation la plus objective** (ce qui est en cohérence avec la discipline du jugement) : « Quelqu'un boit beaucoup de vin, ne dis pas : "C'est mal", mais dis : "Il boit beaucoup de vin". » (chapitre 45) Plus généralement, Épictète conseille de « ne [pas parler] des hommes, soit pour les blâmer, soit pour les louer, ou pour les mettre en parallèle » (chapitre 33). On trouve la même idée au sujet de la sexualité : « Ne sois point toutefois arrogant vers ceux qui en usent, ne les blâme pas et ne te prévaux pas partout de ne pas en user. » (chapitre 33) Autrement dit, **la philosophie doit être accomplie pour soi-même et non pour les autres**. Il ne s'agit pas de « clamer sur tous les toits » que l'on est philosophe pour faire du genre. « Ne te dis jamais philosophe » (chapitre 46), recommande d'ailleurs Épictète, invitant l'apprenti à montrer la voie par les gestes et non par la parole.

On trouve en outre chez Épictète une certaine **bienveillance à l'égard d'autrui** (une idée très développée chez Marc Aurèle). Il s'agit par exemple de compatir au malheur des autres (sans toutefois se laisser troubler intérieurement) (chapitre 16) et de ne pas en vouloir aux personnes médisantes : « Quand un homme te fait du tort ou parle mal de toi, souviens-toi qu'il juge qu'il est de son devoir d'agir ou de parler ainsi. » (chapitre 42)

Comment ne pas se laisser perturber par l'épreuve ?

On l'a vu, le stoïcisme est une morale où tout ce qui est extérieur est moralement indifférent et qui demande d'accepter tous les évènements, quels qu'ils soient. Épictète, ayant conscience qu'**il n'est pas toujours évident de rester impassible en toutes circonstances**, donne ainsi **plusieurs astuces**, à commencer par **l'anticipation**, car c'est parfois l'effet de surprise qui nous touche le plus : « Si tu vas te baigner, représente-toi ce qui arrive au bain, les gens qui vous éclaboussent, qui vous bousculent, qui vous injurient, qui vous volent. [...] Qu'il en soit ainsi dans toutes tes actions. » (chapitre 4)

Épictète donne un autre conseil, consistant à **considérer les évènements avec recul et lucidité** :

Lorsque l'esclave d'un voisin casse une coupe, nous sommes aussitôt prêts à dire : « C'est dans les choses qui arrivent ». Sache donc, lorsque ta coupe sera cassée, qu'il faut que tu sois tel que tu étais, quand fut cassée celle d'un autre. Transporte aussi cette règle, même à des faits plus importants. Quelqu'un perd-il son fils ou sa femme ? [...] Il faudrait se souvenir de ce qu'on éprouvait à l'annonce du même évènement survenu chez les autres. (chapitre 26)

Il faut donc **voir les évènements objectivement, sans se laisser troubler par ses affects. Le thème de la mort d'un proche** revient d'ailleurs régulièrement dans le *Manuel* :

À propos de tout objet d'agrément, d'utilité ou d'affection, souviens-toi de te demander ce qu'il est, à commencer par les plus insignifiants. Si tu aimes une marmite, dis-toi : « C'est une marmite que j'aime ». Car si elle vient à se casser, tu n'en seras point troublé. Si tu embrasses un enfant ou ta femme, dis-toi que c'est un être humain que tu embrasses ;

car, s'il meurt, tu n'en seras pas troublé. (chapitre 3)

Cette méditation implique à la fois :

- de **considérer la mort comme naturelle**, ce qui nous permet de l'accepter plus facilement,
- mais aussi de se détacher des humains ou plutôt, comme le sous-entend Épictète, d'**être aussi peu attachés à nos proches que nous le sommes à une marmite**. Le philosophe revient plus loin sur le caractère naturel de la mort : « Si tu veux que tes enfants, ta femme et tes amis vivent toujours, tu es un sot ; tu veux, en effet, que ce qui ne dépend pas de toi en dépende, et que ce qui est à autrui soit à toi. » (chapitre 14) Nous en revenons à la distinction fondamentale de la pensée d'Épictète.

Une autre technique pour rester impassible, assez voisine, revient à dire que **les choses et les êtres ne nous sont pas donnés mais prêtés** : « Ne dis jamais de quoi que ce soit : "Je l'ai perdu." Mais "Je l'ai rendu". Ton enfant est mort, il est rendu. Ta femme est morte, elle est rendue. [...] Que t'importe par qui celui qui te l'avait donné te l'ait réclamé ? Tant qu'il te le laisse, jouis-en comme d'un bien étranger. » (chapitre 11) La règle du jeu consiste ainsi à « rendre » le bien qui nous a été prêté.

CONCLUSION : LA TENTATION CYNIQUE ?

Dans le stoïcisme, **si toutes les choses extérieures sont moralement indifférentes, elles ont une valeur préférable ou non-préférable**. Ainsi, la plupart du temps, la vie est préférable à la mort, la santé est préférable à la maladie, la richesse est préférable à la pauvreté, etc. Cela n'enlève cependant rien au fait que le stoïcien peut être heureux en toutes circonstances. Pour résumer, dans le stoïcisme, **la richesse et la santé sont préférables, mais le sage n'en a pas besoin pour être heureux**. Cependant, à choisir, la richesse et la santé sont préférables à leurs contraires.

Ainsi, **les stoïciens affirment que le sage peut être heureux, même privé de tout. Le cynique, lui, dit que le sage doit se priver de tout**. Or il semble qu'Épictète, dans certains passages du *Manuel*, lorgne plus du côté de Diogène le Cynique que de Zénon de Citium, comme en atteste cet extrait :

> « Tu dois te comporter comme dans un festin. Le plat qui circule arrive-t-il à toi ? Tends la main et prends modérément. Passe-t-il loin de toi ? Ne le recherche pas. Tarde-t-il à venir ? Ne jette pas de loin sur lui ton désir, mais patiente jusqu'à ce qu'il arrive à toi. Sois ainsi pour tes enfants, ainsi pour ta femme, ainsi pour les charges publiques, ainsi pour la richesse, et tu seras un jour digne d'être le convive des Dieux. Mais si tu ne prends rien de ce que l'on te sert, si tu le considères avec indifférence, tu seras alors non seulement le convive des Dieux, mais tu deviendras aussi leur collègue. C'est en faisant ainsi que Diogène, Héraclite et leurs

Le « convive des Dieux » qui accepte, sans le rechercher, ce qui lui est proposé, a toutes les caractéristiques du sage stoïcien, mais il est assez curieusement placé en dessous du « collègue des Dieux » qui, en méprisant tout, est typiquement cynique (Diogène est d'ailleurs explicitement cité).

Votre avis nous intéresse !
Laissez un commentaire sur le site de votre librairie en ligne
et partagez vos coups de cœur sur les réseaux sociaux !

POUR ALLER PLUS LOIN

- BÉNATOUÏL (Thomas), *Les Stoïciens*, Paris, Les Belles Lettres, 2009.
- BRUN (Jean), *Le Stoïcisme*, Paris, PUF, 1985.
- DE CRESCENZO (Luciano), *Les Grands Philosophes de la Grèce antique*, Paris, Le Livre de Poche, 2001.
- ÉPICTÈTE, *Entretiens*, traduction de Joseph Souilhé, Paris, Gallimard, 1993.
- ÉPICTÈTE, *Manuel*, précédé des Pensées pour moi-même de Marc Aurèle, traduction de Mario Meunier, Paris, GF-Flammarion, 1964.

Rendez-vous sur lepetitphilosophe.fr et découvrez :

Plus de 1200 analyses
Claires et synthétiques
Téléchargeables en 30 secondes
À imprimer chez soi

www.lepetitphilosophe.fr

ISBN version numérique : 978-2-8062-5521-1
ISBN version papier : 978-2-8080-0150-2
Dépôt légal : D/2017/12603/534

Conception numérique : Primento,
le partenaire numérique des éditeurs.

Made in the USA
Monee, IL
07 July 2026